살아라, 부서지는 파도처럼

尹棟廈

살아라, 부서지는 파도처럼

살아라, 부서지는 파도처럼

윤문출판사

머리말

숲을 조각내던 눈
말해질 수 없는 색과 냄새와 기분과 소리와
시선을 넘어서는 깊은 뿌리와 흙과 벌레와
갖가지 미생물과 공기와 습도와 소멸

말해지는 것이 얼마나 극단적인지
감각되는 것은 왜 표현되어야 하는지
인간의 시선이란 얼마나 편협한지

이러한 어리석음으로부터 나는
그럼에도 가장 밀접하고, 언제나 맞닿아 있으며
여전히 지속되고 있는 삶에 대해 말할 수밖에 없다

숲을 조각내어 그것이 삶에 적용되는 방식과
삶이 이루어지는 다양한 모습 중 극단적이고 단편적인
하나의 부분을, 내가 조각낸 숲의 극히 일부분 심지어는
내가 감각할 수 없는 부분을 제멋대로 망가뜨려

삶의 가지에 적용하고, 모든 것은 자연의 일부일
뿐이라는 허망한 공통점으로부터 그와 밀접하고 유사한
부분을 인간의 언어로 말하는 것밖에는 할 수가 없다

이 모든 인간의 한계와 감각의 한계, 언어의 한계와
사유의 한계 앞에 삶 밖의 어떤 것에 대해 정의내리는
것보다 부끄러운 행위가 있을까

그럼으로 나는 삶에 대해 말할 수밖에 없다
그럼에도 나는 삶에 대해 말할 수밖에 없다.

차례

머리말 7

유산 15

고통에 대해 18

어부의 항해 22

봄 24

고리 26

푸른 인간 28

불가피한 31

쓰러진 사슴과 사람 34

목도 38

사람 속 사람　42

오류　44

시들어 가는 꽃　46

남겨진 사람　48

용서와 책임　51

피지 못한 꽃　53

뿌리　56

고립된 사람　58

파도의 눈물　61

우리의 붉은 역사로부터　62

아이러니한 진실 뒤편에	64
삶이 있는 곳	66
침묵	68
살아있는	70
고양이의 새 집	72
인간의 진술	74
양극단	76
곁에	78
선택의 모순	80
유토피아	82

원인과 결과 앞에　84

최후의　86

진실　88

조화로움에 대해　90

잔혹한 관념　93

반복되는 역사　94

가을에 있다　96

서막　97

살아라　99

유산

과도한 추상성을 내포한 추측에
터무니없는 처절함이 있다

이해할 수 없는 투쟁과
홀로 남겨진 사람이 있다

안타깝지 않을 수 없었다

그가 우리에게 보여주고 싶었던 것은 무엇일까?
왜 그가 선택한 것은 다름 아닌 추상성이었을까?

왜 그렇게 쉽게 변질되고 감춰져 있는
복잡한 구조물을 통과해야 했을까?

수만 가지 다른 해법이 있는 수학 문제를 통해
전하고 싶던 의도는 도대체 무엇일까?

어쩌면 아주 질긴 넝쿨을 만들고 싶었던 것이 아닐까

흙과 나무는 물론이고 바위와 절벽과 죽은 곤충의
사체를 휘감는 지독한 줄기를 의도했던 것이 아닐까

삶의 무수한 돌풍과 비와 바람과 홍수와
메마른 대지와 척박한 우리의 정신으로 하여금

지저분한 넝쿨을 뜯어 헤치고 잘라내고
때론 섬세하게 다듬어 감을 통해 삶의 일부가 되고

그를 수용하는 과정 속에서 자연히 그 모든 고난을
이겨 내기를 바랐던 것이 아닐까

앞으로 닥쳐올 아주 심각하고 위험한 여러 문제를
대비하여 가장 뛰어나고 마음씨 여린 선생으로

갖가지 얕고, 어느 정도 파헤칠 수 있으며

그대들의 위대한 해결에 밑거름이 될 수 있도록 하는
사소한 문제들을 선물하고 싶었던 것이 아닐까

그리고 어쩌면
자신 역시 그러한 여정을 거쳐 왔던 사람으로
또 한 번 위대한 유산을 남겨야 했던 것이 아닐까.

고통에 대해

이보게,
고통이 무엇이라 생각하는가?

아픔? 슬픔? 고독?

아니네,
고통이란 살기 위한 발버둥일세

더는 지금 상태로 있어서는 안 된다는
본능의 울림이지

그들은 살고자 하는 것이야
더 강하게 삶을 열망하는 것이야

이미 죽음을 받아들인 생명은
더 이상 고통을 느끼지 못한다네
아이러니하지 않은가?

왜 살아있는 존재는 고통으로
자신의 존재를 증명하는지

왜 더없는 즐거움과 행복과 기쁨,
저 쾌락으로 자신을 증명하지 못하는지

그러나 화려한 연회장에선 언제나
자신을 잃어버리기 마련일세

인식할 틈을 주지 않고
감각을 자극하기 때문이지

죽음 앞에선 어떠한가?
모든 것이 고요해지기 마련일세

그때 비로소 인간은 처음으로
자신에게 모든 신경을 집중하지

고통이 멎는 그 순간에 말이야

고통이란
그대가 살아있다는 증거라네

포기하지 말게나

설령 그대가 그대 삶의 모든 것을 포기할지라도
그대를 구성한 모든 세포가 요동칠 것이네

그 흐름을 받아들이지 않을 수 있겠나?

그럴수록 더 강하게 욕망을 좇아 보게나
그들이 갈망하는 것이 무엇인지

그대를 고통으로 밀어 넣는
그대의 몸과 마음에 말을 걸어 보게

그 몸부림이 고요해질 때까지.

어부의 항해

무한히 중첩된 선택이라는 이름의 벽
부숴나가는 사람에게 필요한 힘

목적이 없는 모든 존재가 짊어진 막대한 무게

아주 깊이 빠지거나
몸을 부딪히고

꾸역꾸역 흘러가지만
닳아가는 몸과 마음

지쳐버린 사람은 바다를 보고
원망하고, 슬퍼하고, 잊으려 애쓰고

여전히 살지만 죽어가고

그의 곁에서

당신만 그런 것이 아니라고 말하는 바람
죽어가지만 살아가는 것이 존재라 말하는 바다

자신의 몸보다 무거운 망치를 들고 나타난 어부.

봄

사람은 원래 혼자라는 사실을 말하면 위로가 될까요

사람은 원래 아주 작은 행복을 위해 너무 큰 고통을
감내해야 하는 존재라는 것을 말하면 도움이 될까요

그러나 사람이란 본디 그런 것임을

높은 하늘과 드넓은 땅에 날벌레만큼 작은 존재가
바다만큼 거대한 고통을 짊어지고 산다는 것을

그대는 이미 알고 있을 것입니다

수없이 많은 무너짐, 그 뼈아픈 고통을
이미 수백 번도 더 체험했을 것입니다

그리고 오늘 그 수많은 흉터를 뚫고 나오는
새로운 상처가 얼마나 심하게

그대의 삶을 뒤흔들고 있나요

깊은 어둠의 끝자락을 부여잡을 힘조차
남아 있지 않다는 것을 압니다

버거울 것이지만
그대에겐 모든 찢어지는 그대의 역사를
넘어서야 할 의무가 있습니다

그대의 삶을 불신하지 마십시오

험난할수록 강하게 피어나는 꽃을 그리며 다짐하십시오

또 한 번의 추운 겨울이 지나고 있다고.

고리

아무리 거대하고 위대하여도
결국 부서지고 마는 파도는
그것이 결국 부서지고 마는 것임으로
어떤 의미도 없는 것인가?

목적이 언제나 미래에 대해 말하는 것이라면
현재만을 살아가는 인간에게 목적이란
그 자체 모순이 아닌가?

부서지고 흩어지고, 깎여나감으로 작용하는
새로운 충격과 힘

시들어버린 과거의 기억으로부터 태어난
새로운 생명과 공기

흘러가는 현재와
알 수 없는 미래에 부여하는 목적과 의미

설령 저 작은 벌레가 오늘 잡아먹힐지라도
먹힘으로부터 새로운 세포의 번식에
유의미한 변화를 주는 것이 아닐까?

설령 그것이 끝끝내 사라지는 것일지라도
또 다른 힘과 작용, 변화와 순환의
시작 앞에 서 있는 것이 아닐까?

죽어가는 존재란 그러므로 살아있는 존재로 거듭
그러한 의미를 또다시 생성하고 있는 것이 아닐까?

푸른 인간

뜨거운 햇볕을 피하지 못해
메마르고
느닷없이 찾아온 소나기에
쓸려간다

풀잎 하나하나에 숨은
보이지 않는 상처

저 여린 풀을 보니
사람의 마음과 닮았다

사소한 눈빛 하나
말 한마디에 파여 온
사람의 마음

무너지던 심장

매몰차던 비와 바람과
뜨거운 하늘과 말과 사물

상처는 거대한 파도처럼 다가왔고
다가오는 파도엔
언제나 그 이상의 두려움이 있었다

펼쳐진 상처가 내딛는 초원
흔들리고 휘둘리며
날려가던

푸른 들꽃의 잔재가
흉터를 감싸안고
세상을 푸르게 물들였다

척박한 상처
여린 줄기는

더 강하게 피어나
더 멀리 뻗어나갔다

드넓은 땅에
지나간 파도와
사람과 시간과 용기

저 여리고 작고, 가볍고
아픈 것들이 피워낸 세계

푸른 인간.

불가피한

사라지는 의식에 담긴 태양과
걷잡을 수 없이 피어나는 생명

감지 않는 눈에 물결이 스치고
고혹한 시간에 물든 잎사귀가 스민다

먹구름 가득한 정신엔
폭풍이 몰아치는데

어찌 세계엔
가여운 바람 찰나 불어넣지 못하네

꺼져 가는 인간이란
슬픔이다

머물러 있고
거스르고자 하고 있고

모순된 사실을 이해하고 있고
그럼에도 반성하고 있고

없는 기대가 있다는 것은
두려운 일이다

의지가 아닌 숙명
자신을 질책하고 모질게 구는 꿈

깊은 잠에 든 것이라 여기자

비록 헛된 기대일지라도
무능력한 사람의 결단은 불가피하다

들판을 쑤셔대는 풀잎처럼
무한한 긍정을 선언하리

비루한 삶인 것을
모르지 않아

좁디좁은 틈일지라도
자라나는 것을 보아

생명의 기이한 힘이란
놀랍도록 위대한 것

불가피한 것.

쓰러진 사슴과 사람

죽은 것인가?
아니, 분명히 살아있다
숨을 쉰다

쓰러진 사슴이 심장이 넘치도록
살고 싶다고 말하고 있다

너무나 추운 겨울이었다
해는 떴지만, 나무는 여전히 말라 있고
두터운 눈이 발목을 끌어안았다

차갑게 굳어가는 발은 심장을 외면한다

어째서 움직이지 않는가
나는 어느 때보다 위험하게 내 피를 흩뿌리는데,

믿어야 한다

끝이 정해져 있더라도

살 수 있다는 믿음 속에서 죽어야 한다
그 의지만이 기적을 만든다

쓰러진 사람아,

저기 어린 사슴이
관절을 비틀며 힘을 쏟아낸다!

차디찬 발목을 하얀 땅 위로 뽑아내고
기적처럼 몸을 들어 올린다

모든 근육이 힘을 소진해 잠시 움직일 수 없지만
제자리에 서서 남은 숨을 뱉어내고
몸을 옮기면 될 일이다

그대 똑바로 서서
쓰러진 사람아,

나는 그대의 아픔을 사랑한다
그대의 모든 차디찬 겨울은
그대 영혼 깊은 곳에 감춰진 태양을 꺼내곤 한다

저 사슴이 온 몸이 얼어붙은 채로
마지막 힘을 비틀어 짜내듯

그대가 이전까지 알지 못했던
그대의 의지가 눈을 뜬다

삶에 대한 그대의 힘이
저 깊숙한 어둠에 작은 불씨가 된다

나는 그러기에 살아있다는 것을 믿는다

살 수 있다는 것을 믿는다

저 사슴이 단지
숨 쉬었기 때문에 살아난 것이 아니듯

우리 모두에겐
언제나 그보다 강한 의지가 잠들어 있기 때문이다!

목도

깎여나가다
거대한 바위

조각내다
한 방울의 이슬

파고들다
우리의 시대

녹아들다
우리 자신

뭉개지고 깨진
몸과 기억

물이 스미고
거대한 절벽

찢어지나
아무도
아무것도

채워지나
옅은 적막

돌아오지
우리의 날

상실, 추억
되풀이 되고

침묵, 그리고 글
흩어지고
쓰러지고

잊혀지고

서 있지
얕은 바다

내딛지
아직

회고, 지금
시작되고

허물어가고
적막

찾아온다네
숲

걷는 자에게
보지 않고

사라진다네 잊혀진다네
돌아온다네

깊거나 슬픈
어둡거나 활기찬

<u>고요</u>.

사람 속 사람

사람은 사람 속에 있다
사람은 사람을 벗어나지 못한다
사람을 벗어나고자 할수록 사람을 알게 되고
사람을 넘어서고자 할수록 사람다워진다

사람을 이겨내자 했더니 사람 끝에 가 있다
사람 위에 있으려 했더니 사람을 밟고 가야 하고
사람 밖에 있으려 했더니 모든 사람을 봐야 하더라

나는 사람이라는 것에 사로잡혀 꿈틀거리는데
누구는 사람답게 살고 싶어 하더라
무슨 뜻일까

사람답게 살고 싶다는 사람은
내가 바라던 그곳에 있는 것일까
그의 세상엔 무엇이 있을까

아마도 아주 깊은 사람이 있지 않을까

아주 멀리 떨어진 어떤 곳에 있다고 생각되는 사람
나는 그 사람에게 가장 짙은 사람의 냄새가 난다

사람이라는 것을 잊고 사람을 찾아가다
사람 끝에 다다른 사람의 역사

나는 그 사람 속의 사람을 기억한다

영원히 사람으로 살게 될 아주 간절한 사람
사람의 아픔과 슬픔, 외로움을 이해하게 된 사람

사람을 사랑하게 된 사람.

오류

조작된 인식
뒤집어진 관념

거짓된 감각
주관적인 개념

누가 진실을 보여줬나
진실로 그렇게 해석되는가?

그럴 리가!

한 사람의 관점
멈추지 않는 미로

두 사람의 관점
돌변하는 장소

세 사람의 관점
사라진 공간

찾을 수 없는 거짓

모든 진실
충돌과 모순

흐르는 시간
무한한 상대성

빛이 아니고서야

주관일 뿐인 것을.

시들어 가는 꽃

꽃을 참 좋아했는데
꽃이 예뻐서 좋아한 것이 아니라
소중해서 좋아했나 보다

나에게 시들어 가는 것을 준 사람은
피어 있는 꽃처럼
살아 있어 소중한 것을 주고 싶었나 보다

시들어 가는 꽃처럼
변해가는 것이 남긴 흔적은

슬픔이 아닌 아름다움이었고
미움이 아닌 따뜻함이었던 걸 보면

무엇인가 변한다는 슬픔은
나의 착각이었나 보다

변하지 않는 삶이 어디 있겠냐마는

피어나기 위해
노력하는 사람이 되어야겠다

좋은 향기, 따뜻한 마음
고이 남겨두기 위해.

남겨진 사람

풀
사라진

각막
인공의

정신
적출당한

메마른 영혼
허기진 욕망

이기적인
사랑

여유
죽어간 마음

잊혀진 숭고

역사
조각난

인간의 본질
찢겨나간 고상함

찰나의 빛
세상 밖

흐리고
추적대는 마을

빛바랜 마음

진실을 짊어진 인간

살아날 운명

잊히지 않는 기록,
사담.

용서와 책임

죽음을 기다리는 꽃잎이 있습니다
그의 시간이 짧았다고 한다면 거짓이겠지요

그의 생을 보십시오
그가 밤낮없이 지나친 바람이 얼마나 많았습니까
그가 견뎌낸 돌풍을 기억합니다

사람의 시간이란 참으로 무책임한 것입니다
그와 전혀 관련 없는 모든 사물이 사람 속에 있습니다

거짓말을 하는 것은 아닙니다만
그렇게 인식할 수밖에 없는 한계라 여기겠습니다

용서하십시오

사람은 참으로 어리석고, 나약하며, 오만합니다
그래서 슬프게 홀로 떠납니다

어쩌면 책임을 다하는 것이 아닐까요

그가 모르는 사이에 벌어질
그의 거짓된 시간으로서.

피지 못한 꽃

채 단단해지기 전에
곪아 곪아 쓰러져 간 어린 생명아
무엇이 너를 그리도 아프게 하였니

네가 본대로 세상은 그렇게 아름답지도
친절하거나 상냥하지도 못하다

고난과 역경은 존재의 그림자이며
행위는 실패와 좌절의 바다를 항해한다

그러나 너는 떠나갔지만

우리는 그 험한 곳에 피어난 꽃을 본다
바위는 부식되지만, 인간은 단단해진다

어둠은 두렵고 위험하지만
우리는 그 속에서 빛을 찾는다

찬란하지 않을지라도
무엇인가 보이기 시작한다는 것이
얼마나 큰 위안인지 모른다

아픔이야말로 나눌 수 있다는 것이
얼마나 큰 축복인지 모른다

너는 알 수 없지만
너의 용기로부터
힘을 얻은 이들이 있다

너는 모를 것이지만
너의 아픔으로부터
변해가는 세상이 있다

나는 이렇게 손을 내밀고
너의 온기로 살아갈 누군가를 기다린다

숭고한 너의 죽음으로부터.

뿌리

무한히 생성될 뿐인
갈색 빛 기둥은

채찍 바람으로 무장한 폭풍을
무안하게 만들고 만다

그는 숨거나 두려워하지 않는다

타인의 시선도 시대의 평가도
심지어 자기 자신의 욕망조차도

마주보고 만다

자신의 일부였던 잎사귀가 떨어져 나간 자리는
역사라는 이름으로 흩어져

내일 그 길을 따라

새로운 생명의 의지가 눈을 뜬다

그는 고립된 것이 아니다
무한히 생성될 자신의 또 다른 의지를
마주하고 있는 것이다

그리고 나는 나에게 묻는다

그대는 진정,
그대 자신의 뿌리가 되어준 적이 있나?

고립된 사람

저기 고립된 사람이 있다

그는 함께 있는 법을 모르며
언제나 혼자 있기를 원하고

외로워하고, 고통스러워하면서도
그 속에 머물고 싶어 한다

그는 자신을 사랑하고
자신의 삶을 사랑하나

여전히 슬퍼한다

외로움에 익숙해진 아주 진지한 사람은
사람이 필요하지만 도움받기는 원하지 않는다

물론 그런 사람에게 누가 손을 내밀고 싶겠는가?

어두운 사람은 위험하다

그는 존재 자체로
가슴을 답답하게 만들고
지치게 하며, 할 말을 잃게 한다

심각함과 진지함은 전염병처럼
우리의 삶을 돌아보게 하고
우리 자신의 어두운 면을 인식하게 만든다

버거운 생존 속에
그를 통해 얻을 수 있는 것은
우리 삶은 그렇지 않다는 위안뿐이라 생각하며

우리는 그의 삶을 '파괴된 것'으로 규정짓고
그와 반대로 살기 위해 노력한다

그리고 여전히 고립된 82억의 마음은
문을 두드리고, 사람이 필요하다고 생각하며

밖으로 나오고 싶어 하지만
혼자 있는 것의 익숙함을 알게 되었고

자신과 가장 가까이 있는 사람조차
자신을 외면한다는 사실을 알게 되었다

그를 외면하던 사람은
탈피가 끝난 허물에 먹이를 주고

허물과 함께 말라가는 파괴된 삶은
힘을 잃어가고, 병들어 가고

공허 속에 주위를 살피고
고립된 자신에게 말을 걸고.

파도의 눈물

속절없이 스쳐 가던 파도의 일기

미약할지라도 온 힘을 내지르며
자신을 조금 더 깊숙한 땅으로 내보내기 위한 투쟁

얕은 일렁임을 보지 못하고
크기와 소리로 가늠했던 그의 시간

얼마나 깊은 자신과의 사투가 있었을까

비록 덧없이 흘러가는 것이라도
닿을 수 없는 태양을 등에 지고

떠밀려 쓰러져 온 파도의 기억

스쳐 가는 것의 아름다움을 잊어버린
각박한 삶의 조각.

우리의 붉은 역사로부터

낙원으로 가자던 사람이 사람을 속인다
아파하지 말자던 사람이 고통을 쏟는다
슬퍼하지 말자던 사람이 눈물을 흘린다
고독하지 말자던 사람이 외로이 있다

웃어 보이자던 사람이, 행복만 하자던 사람이
제 몸 가득한 상처를 드러내며 닦아내는 땀에
도통 그의 즐거움이 느껴지지 않는다

세계는 아주 평화롭고 아름다워서 죽음이 두렵다던
광대의 회색 눈망울이 이슬을 머금어 빛이 난다

우리에게 희망을 심어주던 철부지 소년이
흑백의 평면 종잇장에 무표정하게 서 있다

우리가 바라왔던 진실
우리의 낙원은 어디에 있나

삶은 진실로 무엇으로 이루어지나

손끝이 향하던 가느다란 실타래를 풀어헤쳤다
아름답게 얼룩진 실타래
나는 무엇을 보고 싶었던 걸까
고상한 빨강이 이토록 불쾌한 것이었나?

검게 얼룩진 손에서 느껴지는 거친 냄새
나는 그렇게 작렬하는 파동으로부터
고운 손을 기다려왔나 보다

그리고 언젠가부터
사람의 손이 사람의 손에 닿는다는 것을
사람의 삶이 사람의 삶에 닿아 간다는 것을

느꼈었나 보다.

아이러니한 진실 뒤편에

우리의 바람이 욕심이라는 것은 진작 알고 있었다

자신을 목격하지 못한 존재의 소망
자신이 무엇인지 모르는 존재의 꿈
평생 자신이 아닌 것만 바라본 존재가 바라는
자신에 대한 바람들

차라리 너를 희망하는 것이 어떠냐 하니
내가 나로 살고 있는데 왜 너를 희망하느냐

차라리 내가 아니길 희망하는 것이 어떠냐 하니
내가 내가 아니길 희망한다면 누가 나를 희망하느냐

모두가 서로를 바라보는 존재로서
자신을 희망하지만 서로만을 바라보는 세상의 아이러니

자신을 목격한 사람이 희망할 만한 것을 말한다면,

오, 과한 의욕을 가진 나의 정신이여
나에게서 나를 해방시켜 주소서

이 거짓된 욕망으로부터 자유를 주소서

나를 찾아왔던 모든 고뇌가 흙과 풀과 나무와
새로이 피어날 꽃에게 돌아가게 하소서

푸른 파도가 일렁이는 바다 어딘가에서
금빛 물결을 머금은 투명한 빛에 휩쓸리게 하소서

곱디고운 모래 되어 세상에 흩뿌려지도록
잉태하는 생명의 목적 없는 웃음
목적 없이 만끽할 수 있도록 하소서.

삶이 있는 곳

그곳에 삶이 없다고 말하는 삶이 그곳에 있다
그곳에 사람이 없다고 말하는 사람이 그곳에 있다
그곳에 자연이 없다고 말하는 자연이 그곳에 있다
그곳에 죽음이 없다고 말하는 죽음이 삶에 있다

나는 유일하게 그것을 목격했다
그곳에 있는 모든 것은 그곳에 있다
그곳에 없다고 말하는 죽음만이 삶에 있다

나의 목격이 삶에 있다
나는 죽음을 목격한 것이 아니다
죽음을 목격하는 사람은 죽은 사람이다
죽은 사람의 목격은 삶이 아니다

죽음은 죽음이다
삶이란 살아있는 상태에서만 삶이다
그러니까 삶이란 삶이다

삶이란 죽음도 무엇도 아니고
삶이다

삶은 바로 그곳에 있다
죽음이 바로 여기에 있다.

침묵

무엇을 침묵했던 걸까
생성되는 의미, 불확실한 사유, 미련한 해석
가난한 신념, 곧게 뜬 눈, 흐릿한 감각, 조작된 기억

누가 소리 내지 않는 것을 침묵이라 했던가
정적일 뿐이던 침묵 속에 도사리고 있는 정신을 보라

침묵이라는 사람의 시선에 놓인 무분별한 욕망
침묵이라는 인간의 발끝에서 행위되는 집착
침묵이라는 존재의 인식에서 침묵되어지지 못하는 침묵

나는 무엇을 침묵하고 싶었던 걸까
침묵을 통해 침묵하게 되었던 침묵이란 무엇이었을까

긴 인고의 시간을 지나
또 다른 정의될 수 없는 것 앞에
침묵되어진 인간이 침묵으로 말을 건다

진실로 침묵이란 무엇이었던 걸까?

살아있는

발화하는 삶의 역동

막대한 역사의 힘
강렬한 파동

그럼에도 죽은 자는 말이 없다

헤쳐나가는 현재의 고독엔
감동이 있다

아주 약한 존재가
밀려오는 거대한 파도 아래로 침투하는 모습

그 깊은 잠수가
살아가는 사람의 시선에 꽂혀 피어난다

죽은 이들이 쌓아올린 첨탑으로부터

두꺼운 건축 교과서를 얻을 수 있을지언정
생기는 찾을 수 없다

살아있는 인간은 살아가기를 원한다

자신도 넘어설 수 있다는 믿음은
거대한 벽을 쌓아 올린 존재가 아니라

그 벽을 넘어서고 있는 존재로부터 발생한다

누구보다 심한
죽지 못한 고통을 넘어서고 있는
살아있는 우리는
누군가에게 살 수 있다는 믿음이 된다

그것이 그의 안위이면 어떠한가?
그대가 넘어서는 고통은 그대 이상의 것을 살린다.

고양이의 새 집

아무도 보지 못하는 곳에 집을 짓는 고양이가 있다
보이지도 않는데 집을 짓는 고양이는
집이 없기 때문에 집을 짓는다

집을 보여주는 대신
집을 말하고 설명하고, 노래를 부른다
은밀한 고양이가 집까지 은밀한 곳에 짓는다니
혼자 있기를 좋아하는가 했더니

태생적으로 독립적인 녀석이라
독립에서 벗어날 수 없는 녀석이란다

고독한 목수는 허술한 집을 무너뜨리기 시작한다
제대로 지어지지 않은 집은 집이 아니다

목수는 고양이의 눈을 하고 어둠을 의식하며
집이 무엇으로 이루어졌는지 살핀다

건축엔 답이 없는 것인데
철부지 고양이는 혼자 아무것도 모르고 집을 지었다
답이 없다는 사실을 모르고 집을 지었다

산이란 여백을 통해 산으로 거듭나는 것인데
그 여백 속에 녹아든 푸른 공기가
폐의 일부가 된다는 것을 몰랐나 보다

나무로만 지어진 집에 나무밖에 안 보여
고양이가 목수에게 묻는다
어떤 집을 지어야 할까요?

                        끝없이 새로운 질문을 잡아먹는
                              악어 모양의 집이 좋겠다
                            집의 이름은 '사유'라고 하자.

인간의 진술

가면을 쓴 무리를 파악하는 사람
가면을 쓴 이유를 찾는 사람
가면을 쓴 무리가 된 사람
가면 뒤에 감춰진 모습을 드러내는 사람
가면이 무엇인지 밝혀내는 사람

군중을 파악하는 사람
욕망을 찾는 사람
감정을 이해하려는 사람
진실을 밝히고자 하는 사람
원인을 알아내고자 하는 사람

무엇에 대해
상태에 대해
노출된 것에 대해
거짓된 것에 대해
정의에 의해 해석된 겹겹의 우연에 대해

인간의 모든 의문
인간의 모든 논의
인간의 모든 판단
인간의 모든 역사
인간의 모든 현재

아주 보편적인 것을 바라보고 있는
인간이라는 해석의 관찰자.

양극단

흘러가지만 멈춰 있는 시간을 본 적이 있는가?

나는 이 지구에서조차 활발하고, 능동적이며, 욕망에 가득 차 있고, 죽음을 인식하고 있으며, 그럼으로 삶에 서서히 다가가는 인간을 목격했다

또한 모든 인식이 받아들여지고, 거슬러 오르는 법이 없으며, 잉태를 거부하고, 삶을 내려놓았으며, 그럼으로 서서히 죽어가는 인간 역시 목격했다

나는 더 이상 시간의 보편성을 믿지 않는다
나는 오랫동안 움직이는 사람을 보지 못했다

운동성이라는 시간의 또 다른 이름
상대적인 대상에 투여하는 공허한 욕망

떨어질 꽃잎을 피우기 위해 헌신하는 인간과
염세주의로 위장한 반인간주의의 공존

고혹적인 체취의 이기심이 안개처럼 곁에 있다

가뭄이 왔으나
깊은 골짜기는 마르지 않고
숨겨져 있다

메말라가는 시간이 있고
멈추어 있는 사람이 있고

깊은 곳에서
조용히 흐르는 강물이 있다

넘쳐 오르는 바다가 있다.

곁에

가혹하게 곁에 있다
다가오지도, 떠나가지도 않고
쓸쓸하게 곁에 있다

내 발걸음을 따라
고독하게 곁에 있다

나와 함께 살고
나와 함께 걷고 있으나
나와 항상 같은 거리를 두고 있으니

제자리에 있다

항상 제자리에 있었더니
없는 것이다

항상 같이 있으니

무방비하고 취약하고 쓸쓸하다

곁에 있으니 쓸쓸한 것이다
쓸쓸해지는 것이다

나에게 가장 많은 시간을 쏟는 그가
나를 가장 오랫동안 바라본 그가

없는 것이다

매몰차게 윽박을 질렀다
나에게, 나에게.

선택의 모순

선택을 했다고 생각했는데
시간이 흘러 있다

사람은 뒤집어진 파도를 살고 있다

파도를 뒤집었더니 하늘이 뒤집히고
뒤집어진 바다에서 방향을 찾고 있다

지구가 돌고 있고
나는 멈춰있지만 시간이 흘러 있다

선택은 파도의 뒤를 보는 것일까
하늘을 내려다보는 것일까
무능력하게 떠내려가는 것일까

시간이 흘러있는데

바보처럼 파도를 뒤집어 살고 있는데

여전히 믿음이 있다

행위를 하자
바다를 타자
하늘을 끌어내리자

시간이 흘러 있는데
시간이 떠내려가고 있는데

선택이 있고
선택이라는 믿음이 있고
선택이라는 연속된 후회가 있고

뒤집어진 파도를 살아가는 사람이 있다.

유토피아

낙원에 앉아 있다
고요한 사람이

없는 것을 말한다
외로운 사람이

없는 것밖에 없는 낙원에
차게 물든 사람이 귀 기울인다
있는 곳으로 끌고 가기 위함이다

그러나 없다
그래서 갈 수 없다

대체된 사람이 있다
비롯된 삶이 있다

사라진 도시

우리의 기억
떠나갈 사유

나는 그곳을 이렇게 불렀다

외로운 낙원.

원인과 결과 앞에

파도가 결과를 머금고 일렁인다
그의 원인은 바람인가 달인가 빛인가
잦은 소나기인가 구름인가 땅인가 물인가 대기인가

감정이 후회를 머금고 요동친다
밀려오는 결과와 그러한 필연에 아파하고 슬퍼하고
괴로워하고 원인을 찾아가는 사람의 바다

바다가 원인의 탈을 쓰고 속삭인다
파도란 자신이 품은 것이며 자신도 무엇으로부터
형성된 것이며 그러므로 자신 역시 무엇에 대한 결과

결과 앞에 서 있는 사람이 생각한다
몸과 마음이란 지난날의 자신
자신의 과거라는 원인이 형성한 현재의 나

별과 사람과 이슬과 청록 일렁임을 눈앞에 두고

바람과 땅과 하늘과 아픔과 슬픔의 원인을 찾아
정면을 향한 거울을 쏘아붙이는 존재

지독하게 현실적일 뿐인 가난한 자아와

빌어먹을 측은지심.

최후의

던져졌으므로 되어야 했고
이루어야 했고, 도달해야 했으며
쟁취해야 했고, 지켜야 했다

삶은 어둠을 뚫고 나가는 것이 아니라
빛을 가두어 가는 것이었다

우리는 드넓은 초원에 집을 짓고
불과 무기로 무장하여 자신을 보호하였으며

세계의 무한한 확장이라는 억압에 대응하기 위해
질서와 도덕을 만들고 우상을 형상화했다

삶은 억압이다
뻗어 나가는 세계와 수축하는 인간

스스로를 가두어 지키고, 세계를 밀어내면서

사회의 억압으로 걸어 들어가는 삶

이 부조리한 현실성으로부터
의도적으로 세계를 물고 늘어진다면

던져졌음으로 살아야 하고
극복해야 하며, 의지해야 하고
지속해야 하며, 떠나가야 한다

삶은 형성하는 것이 아니라
전복되어야 한다

관념의 마법으로부터
악의를 품고 파괴를 일삼으며
무분별한 운동성에 올라타기

던져진 자의 마지막 능동, 지향.

진실

소리는 귀에 있다
결핍은 입에 있다

진실은 고요하다
의미는 내면에 있다

가난한 투쟁
사유하는 실종

물을 길어 오리라

다물지 않아 말라버린 목
놓지 않아 집착하는 머리

거짓은 손에 있다
자연은 다리에 있다

구름이 있고
떨어지고 지나가고
숨겨지고 잊혀지고

하늘이 있고
말없이 있고
머물러 있고

멈추지 않고
푸르고 있고.

조화로움에 대해

굴곡밖에 보이지 않는 공간
그늘지거나 경사진 대지
적절히 떨어지는 해

독단적이고 우연적인 위치
영양가 많은 토양을 독차지한 나무

단단한 땅을 움켜쥔 뿌리와
올곧게 솟아오른 가지

세계의 불평등을 이해하기까지
얼마나 많은 투쟁이 있었는지

평등이라는 극단을 인식하기까지
얼마나 많은 관념을 덜어내어야 했는지

사회가 자연의 산물이라는 것을 수용하기까지

얼마나 많은 부조리를 겪어 왔는지

이 모든 적절하지 못하고 고상하지 못하며
이롭거나 균등하지 못한 자연적인 것들에게

나는 왜 조화를 느끼고 있는 것인지

이조차 아름답다고밖에 말할 수 없음을 용서하시오

잔잔하고 가녀린 풀이 대지를 물들이고
사막에는 낙타가 거닐며
자식 잃은 부모는 눈물을 쏟고
바다는 여전히 푸르며

세계는 그럼에도 왜
고요하기만 한지

세계는 그럼에도 왜
고요해서는 안 되는지

아름다워서는 안 되는지.

잔혹한 관념

잔혹하게 상정되는 뿌리의 방향성
줄기는 왜 깊은 곳을 향하나

인식이 구름처럼 피어나듯
뻗어 가는 가지의 무분별함

역사와 관념으로 움켜쥔 자연
사유함으로 훼손되어 가는 날것

나는 침묵하지 못했다
피어오르는 촛불을 부여잡고
괴로워하며 써 내려간다

흔들리게 놓아두자는 다짐과
우두커니 서 있는 사람

모순으로부터 멀어지지 못한 또 하나의 시.

반복되는 역사

아주 오랫동안 자신을 사랑하지 못한 것과 같은 이유로
모든 가까운 대상이 자신이 되어가는 과정 속에서
사랑을 잃어가고

아주 오랫동안 자신을 지키지 못한 것과 같은 이유로
모든 가까운 대상을 자신에 대입하여 보았으므로
인생을 잃어간다

아주 오랫동안 자신밖에 모르던 자신을 모르는 사람은
자신에게 주어진 모순의 고통으로부터 첫발을 내딛고

아주 오랫동안 타인을 위한다던 이기적인 사람은
자신에게 향하는 자신의 거짓으로부터 진실을 깨닫는다

사람의 모든 마음은 아주 오랫동안 자신을 속여 왔고
모든 지나가는 것을 획득했다는 착각으로부터
잃지 않아도 될 마음을 잃어왔다

아주 오랫동안 사람은 자신의 돌아오지 않는
역사로부터 자신이 되어가는 방법을 알게 되었다

모든 사람은 언젠가 무엇인가를 깨닫고 이해하며
터득하게 되고 진보하며, 사랑할 수 있게 되나

아주 오랫동안 한결같이 삶이 한순간이라는 것을,
지나간 시간은 돌아오지 않는다는 것을 말하고 있다

아주 오랫동안.

가을에 있다

단풍이 있고 중력이 있다
바람이 있고 나무가 있다
빨강이 있고 초록이 있다

떨어짐이 있고 단풍이 있다
땅에 붙지 않은 것이 있다
매달리지 못한 것이 있다

겨울이 있고 봄이 있고
여름이 있다

떨어진 단풍이 있고
떨어지는 단풍이 있고
떨어짐이 있고 단풍이 있다

없는 것은 등 뒤에 있다
없는 것은 없다.

서막

도무지 증명될 수 없는 삶 뒤편의
무분별한 전쟁에 승자가 있기라도 했던가?

독식하는 자로서의 군주
군림하는 자로서의 권력
물리치는 자로서의 절대

아름다운 궁전은 보이지 않고
소리 없는 정신의 위태로운 노래가 울린다

단두대에 놓인 왕이 처형을 기다린다
그는 아이로, 사슴으로, 차가운 바람으로
다시 태어나야 한다

그는 우연히 나타나야 하고
자신을 완전히 잊어야 하며

아주 견고한 다리의 취약한 부분을
보이지 않게 건드려 넘어뜨려야 한다

검은 바다에 잠자는 무수한 파도처럼
보일 수 없는 곳을 지배하는 우연한 무너짐을
왕이자 신하이자 적이자 동지로 두고

단두대에 올라서야 한다

우리의 기나긴 전쟁이 그렇게 시작된다.

살아라

살아라, 부서지는 파도처럼
살아라, 사라지는 바람처럼
살아라, 돌아오는 바다처럼
살아라, 밀려오는 겨울처럼
살아라, 떠나가는 시간처럼
살아라, 타오르는 불꽃처럼

살아라, 살아가는 사람처럼

살아라, 죽어가는 사람처럼

살아라, 그럼에도
살아라, 그리하여.

살아라, 부서지는 파도처럼

1판 1쇄 발행일 | 2025년 12월 1일

지은이 | 윤동하
펴낸이 | 김선희
펴낸곳 | 윤문 출판사
출판사등록 | 2023.02.09.(제2023-000006호)
주 소 | 세종특별자치시 금남면 도남2길 197-3
전 화 | 010-2431-2412
이메일 | dh1189@naver.com

ⓒ 윤문 2025

ISBN : 979-11-982175-2-3